RESILIENZ

Stärken

Wie Sie emotionale Intelligenz, Gelassenheit und Achtsamkeit erlernen. Überwinden Sie Hochsensibilität, Depressionen und Stress

Marianne Springwasser

Inhalt

Vorwort

Das Leben mag nicht immer so verlaufen, wie wir es uns vorstellen. Sie werden immer wieder in Situationen geraten, die belastend sind. Genau deshalb ist es wichtig, dass Sie sich mit dem Begriff „Resilienz" befassen, der sich aus der lateinischen Sprache („resilire" - bedeutet so viel wie „abprallen" oder „zurückspringen") ableiten lässt. „Resilienz" heißt, erfolgreich mit einer belastendenden Situation umzugehen bzw. umgegangen zu sein.

Blickt man etwa in die Werkstoffkunde oder Physik, so bedeutet Resilienz die Fähigkeit, dass sich der Werkstoff verformen lässt, jedoch am Ende wieder in seine

Ursprungsform zurückfindet. Übersetzt man das englische Wort „resilience" in die deutsche Sprache, so handelt es sich um die „Widerstandsfähigkeit". Im deutschen Sprachgebrauch wird Resilienz auch gerne dann verwendet, wenn man „Stressresistenz", „psychische Elastizität" sowie „psychische Robustheit" umschreiben möchte.

Das heißt, der Begriff ist ein Synonym für die Krisenkompetenz und umschreibt letztlich die Fähigkeit, Veränderungsprozesse und Krisen durch einen Rückgriff auf die persönlichen wie sozial vermittelten Ressourcen zu bewerkstelligen.

Sie wissen, dass Krisen zu unserem Alltagsleben gehören - und jede Krise mag auch ein Anlass für eine Weiterentwicklung sein.

Durch die Resilienzforschung wurden zahlreiche lern- sowie trainierbare Schutzfaktoren ausgearbeitet, die für eine Erhöhung der menschlichen Widerstandsfähigkeit sorgen, damit der Mensch „einfacher" mit Krisen umgehen kann.

So geht es um:

- ✓ **Die** Akzeptanz der Umstände sowie die realistische Einschätzung der Rahmenbedingungen
- ✓ **Die** Entwicklung einer optimistischen Grundhaltung gegenüber nicht beeinflussbaren Veränderungen

- ✓ **Das** lösungs-, ergebnis- sowie zielorientierte Vorgehen
- ✓ **Das** Ergreifen von Eigeninitiative
- ✓ **Die** Übernahme von Eigenverantwortung
- ✓ **Eine** Selbstregulation in Form von Selbstfürsorge wie Stressmanagement
- ✓ **Die** Inanspruchnahme von Hilfe
- ✓ **Das** Pflegen von Beziehungen und Netzwerken,
- ✓ **Ein** zukunftsorientiertes Handeln
- ✓ **Die** Improvisationskompetenz bezüglich des Umgangs mit nichtvorhersehbaren Ereignissen.

Bei der Resilienz handelt es sich schlussendlich um keine Technik oder Methode, sondern vielmehr um ein sogenanntes Metamodell, das am Ende günstige Eigenschaften, Einstellungen, Faktoren, Verhaltensweisen und Strategien beschreibt, die Ihnen dabei helfen, Krisen zu bewältigen. Im Idealfall gehen Sie gestärkt aus der Krise. Bei diesem Metamodell geht es darum, dass Sie Ihre vorhandenen Ressourcen entdecken und sich mit neuartigen Perspektiven auseinandersetzen, um sodann eine neue Art und Weise für sich finden zu können. Natürlich dürfen Sie nicht vergessen, dass auch resiliente Menschen verletzbar wie verletzlich sind, aber sie sind in der Lage, besonders schwierige Situationen wie Herausforderungen besser meistern zu können.

„Wird alles, was einem begegnet, als Möglichkeit wahrgenommen, um das innere Wachstum zu steigern, so gewinnt man an innerer Stärke"

~ Milarepa, tibetischer Meditationsmeister
[1052 - 1135]

Resilienz verstehen

Einige Menschen verfügen bereits von Natur aus über ein bestimmtes Potential an Widerstandskraft. Das heißt, sie sind psychisch robuster. Berücksichtigt man die immer stressiger werdende Lebenswelt und neue Bedrohungen, die durch Umweltverschmutzung, Terroristen wie Viren ausgelöst werden, so sind aber selbst Personen, die eine starke psychische Widerstandskraft haben, mitunter auch bald am Ende ihrer Kräfte angelangt. Denn natürlich neigen sich psychische Ressourcen auch einmal dem Ende zu. Des Weiteren kann beobachtet werden, dass es in den letzten Jahren auch zu kompletten Veränderungen der familiären Umfelder gekommen ist. Heute sind unverbindliche Kontakte über die sozialen Netzwerke oft wichtiger als die Bindung zu der eigenen Familie. Das ist auch der Grund, warum in Krisenzeiten schneller einmal die Nerven weggeworfen werden. Viele Menschen leiden an Depressionen, posttraumatischen Belastungsstörungen oder unter Burn-Out. Es sind die essenziellen, psychischen Ressourcen die fehlen, um richtig mit Druck, Stress wie finanziellen Tiefschlägen, mit realen Bedrohungen oder auch mit Mobbing umgehen zu können Ist das „seelische Immunsystem" krank, so ist es unmöglich, entsprechend mit solchen Ereignissen umgehen zu können - Sie haben gar keine Chance, sich gegen den Druck zur Wehr zu setzen. Sie sind hilflos ausgeliefert.

Es gibt gefühlstaube Menschen, es gibt hochsensible Menschen - das liegt daran, weil wir mit unterschiedlich empfindsamen Seelen geboren worden sind. Zudem lernen wir mit der Zeit, wie wir mit Krisen, Schicksalsschlägen und Lebensproblemen umzugehen haben - denn unsere Eltern haben hier einen enormen Einfluss auf unser späteres Verhalten. Es ist aber auch die Gesellschaft, die hier einen Einfluss auf uns hat. Letztlich entwickeln wir spezielle Taktiken, damit wir unsere Gefühle - so gut es geht - unter Kontrolle haben. Dabei geht es in erster Linie um die Trauer, Verzweiflung, Wut aber auch um das Bewältigen traumatischer Erlebnisse. Im Laufe Ihres Lebens entwickeln Sie emotionale wie kognitive Fähigkeiten, die Ihnen etwa dabei helfen, Ausnahmesituationen besser ertragen zu können. Jedoch geht es auch darum, dass wir bestimmte Eigenschaften erlernen - dazu gehören unter anderem Geduld, Akzeptanz wie Toleranz. Diese Eigenschaften können letztlich unser gesamtes Leben lang ausgebaut werden.

Am Ende entsteht im Laufe des Lebens eine Resilienz, die mehr oder weniger stark ausgeprägt ist. Ein Mensch, der sich nicht aus der Bahn werfen lässt und sich Anfeindungen anderer Menschen nicht zu Herz nimmt, wird als resiliente Person bezeichnet. Eine solche Person besitzt eine seelische Elastizität. Nach jedem krisenhaften Ereignis kehren diese Menschen in ihren ursprünglichen Zustand zurück und können wieder glücklich sein. Und dann gibt es Menschen, die mit der Situation überhaupt nicht umgehen können, sich tage-, wochen- oder gar jahrelang Vorwürfe machen bzw. mit den Ereignissen hadern und letztlich sogar zum Alkohol greifen. Doch das kann keine Lösung sein.

Personen, die als besonders resilient bezeichnet werden können, sind, so die Resilienzforschung, Menschen, die viel Unterstützung erfahren und einen starken Zusammenhalt genießen. Man orientiert sich hier an verlässlichen Werten - an „shared values". Werden Sie von der Gesellschaft unterstützt und getragen, so entwickeln Sie gegenüber Krisen automatisch eine bessere Widerstandskraft. Wer allein ist und sich eher als labil bezeichnet, der wird mitunter Probleme haben, wieder in seinen ursprünglichen Zustand zurückzufinden.

Jedoch ist hier zu unterscheiden, ob eine Person resilient erscheint, da offensichtlich kein Problem so groß ist, um nicht überwunden zu werden, oder ob die Person wirklich resilient ist. Denn mitunter kann eine Person resilient wirken, jedoch stehen hier Verdrängung, Ignoranz, Vermeidung wie Selbstberuhigungsstrategien im Vordergrund, die jedoch nicht mit der Resilienz in Verbindung gebracht werden können. Denn Personen sind nur resilient, wenn sie auch Probleme annehmen und in weiterer Folge verarbeiten. Natürlich mit entsprechenden Strategien und Taktiken. Doch keine Strategie lautet, das Problem zu verdrängen oder gar zu ignorieren.

Bei der inneren Widerstandsfähigkeit geht es nicht darum, dass Sie die Probleme, die Tag für Tag entstehen können, an sich abprallen lassen, sondern es geht darum, dass Sie sich damit auseinandersetzen und eine Lösung finden.

Sie müssen Krisen unbeschadet überstehen und am Ende sogar zu dem Ergebnis kommen, dadurch gewachsen zu sein. Genau das ist es, worum es bei der Resilienz geht. Selbst Kinder, die in einem sehr schwierigen Umfeld groß werden, müssen hier etwa eine Fähigkeit entwickeln, um sodann die Vergangenheit abschließen zu können. Am Ende ist die Fähigkeit zum inneren Widerstand das Erfolgsrezept, damit der Erwachsene sodann stärker und besser als andere Personen werden kann. Die Kindheit mag zwar in vielen Fällen prägend sein, darf aber nicht das gesamte Erwachsenenleben negativ beeinflussen.

Letztlich ist es Ihre persönliche Widerstandskraft, wie Sie mit Stress oder auch sehr krisenhaften Ereignissen umgehen. Doch hier ist nur ein Teil der Seele geschuldet. Denn bei der seelischen Widerstandsfähigkeit mag es sich um eine erworbene Eigenschaft handeln. Das heißt, all jene, die diese Eigenschaft stärken, können in weiterer Folge besser mit negativen Ereignissen umgehen. Es geht hier sehr wohl um die passende Strategie, damit Sie die seelische Elastizität ausbauen können, um so dann mit Schicksalsschlägen, Dramen wie Stress besser umgehen zu können.

Natürlich ist an dieser Stelle zu erwähnen, dass nicht alle Menschen dieselben Möglichkeiten zur Verfügung gestellt bekommen. Schlussendlich hängen viele Lebensumstände von Bildung, finanziellen Ressourcen, persönlichem Schutz sowie auch der Frage ab, wie stark das persönliche Umfeld war bzw. noch immer ist. Natürlich steigern fehlende Unterstützungsmöglichkeiten eventuell den „Überlebenswillen", der sodann alle möglichen negativen Faktoren verdrängt, die auch am Selbstwertgefühl nagen können. Am Ende geht es aber auch hier darum, dass ein Verdrängen nicht automatisch bedeutet, ein resilienter Mensch zu sein.

An dieser Stelle ist zu erwähnen, dass erst in den 1950er Jahren der Begriff Resilienz tatsächlich definiert worden ist - und sich die Definition aufgrund diverser Forschungsergebnisse auch verändert hat. Die von den Wissenschaftlern getroffenen Erkenntnisse, die besonders wichtig sind, lauten: Ganz egal, wie es um die seelische Konstitution bestellt ist, mag jeder Mensch die Fähigkeit erlernen, den Lebenskrisen wie auch stressigen Situationen widerstehen zu können. Denn das resiliente Verhalten kann sehr wohl trainiert werden. Und genau darum geht es auch im Leben. Sie müssen immer an sich selbst arbeiten, um in weiterer Folge besser mit außergewöhnlichen Situationen umgehen zu können.

Denken Sie daran: Sie befinden sich bereits auf dem richtigen Weg, weil Sie sich für dieses Buch entschieden haben. Verfolgen

Sie diesen Weg bitte unbedingt weiter! Nur so wird es Ihnen möglich sein, einschneidende Erlebnisse Ihrer Vergangenheit, zu verarbeiten und die positiven Schlüsse daraus zu ziehen.

Weiter hinten im Buch gibt es klare Schritt-für-Schritt Anleitungen und auch einen Selbsttest, anhand dessen Sie sehen können, ob sich Ihr Problem tatsächlich durch fehlende Resilienz erklären lassen kann oder ob nicht eine andere Heilmethode, wie das Meditieren, besser auf Sie zugeschnitten sein könnte.

Resilienz erlernen

J eder Mensch besitzt eine innere Widerstandskraft. Die Ausprägung ist jedoch unterschiedlich stark. So können Sie eine Situation als ausgesprochen erdrückende Belastung wahrnehmen, so beispielsweise einen Jobwechsel, der Umzug in eine neue Stadt oder auch ein klärendes Gespräch mit dem Partner, während andere Menschen gar keine Schwierigkeiten damit haben. Für solche Menschen stellen derartige Veränderungen wie Ereignisse sogar willkommene Herausforderungen dar. Diese Unterschiede gibt es sogar selbst dann, wenn die neuen Umgebungsbedingungen eine gewisse Ähnlichkeit mit den ehemaligen gehabt haben bzw. noch immer haben.

Besonders interessant ist hier eine Langzeitstudie der US-Psychologin Emmy Werner. Die Studie wird heute noch oft zitiert, da sie sozusagen auch als Beginn der Resilienzforschung gesehen wird. Emmy Werner beschäftigte sich mehr als dreißig Jahre mit der Entwicklung von 700 hawaiianischen Kindern, die im Jahr 1955 geboren wurden. Ein Drittel der Kinder ist in prekären Verhältnissen großgeworden. So litten sie unter Hunger, wurden misshandelt oder vernachlässigt. Genau jene Erlebnisse waren es auch, die das Leben als Erwachsene geprägt haben. So waren sie verhaltensauffällig, brachen mitunter die Schule ab und tranken - wie auch die Eltern - zu viel Alkohol. Doch ein knappes Drittel hat es geschafft, den wirklich schlechten Start hinter sich zu lassen. So wurden sie nicht nur angesehene Mitglieder in ihrer Gemeinde - ein Teil hat sich sogar für ein Studium entschieden. Sie waren „verletzt, aber unbesiegbar" - so Emmy Werner. Letztlich also resilient.

Aber warum ist ein gutes Drittel in der Lage gewesen, den schlechten Start in das Leben hinter sich zu lassen? Warum war ein Teil der Kinder fähig, ein zufriedenes Leben als Erwachsene führen zu können, während ein anderer Teil es nicht fertiggebracht hat, die Altlasten zu überwinden? Emmy Werner kam zu folgendem Ergebnis: In ihrem Leben gab es zumindest einen Menschen, der immer zu ihnen gehalten hat - das kann ein Verwandter, ein Bruder, ein Lehrer oder ein Freund gewesen sein. Die Person stand stets zur Seite, hat sie gefördert, sie spüren lassen, sie seien nicht allein und - das ist wohl der wichtigste Aspekt - das Gefühl vermittelt, etwas wert zu sein. Einige andere Studien haben die Erkenntnis von Emmy Werner aufgegriffen und sind zu einem ähnlichen Ergebnis gekommen.

Heute sind verlässliche Bezugspersonen in der Kindheit das tragfähige Netz, damit sich im Leben eine entsprechende psychische Widerstandskraft bildet.

Einige Wissenschaftler vertreten aber auch die Meinung, die Resilienz würde sich erst im Laufe des Lebens entwickeln und keine „angeborene Eigenschaft" sein. Doch die Resilienz entsteht durch ein äußerst komplexes Zusammenspiel zahlreicher Faktoren - und hier gibt es doch ein paar

Faktoren, die letztlich angeboren sind. Der Neurowissenschaftler und Mitbegründer des Deutschen Resilienz-Zentrums, Raffael Kalisch, ist überzeugt, dass es drei erbliche Faktoren gibt:

- ✓ **Optimismus:** Das Vertrauen zu haben, dass sich schwierige Situationen zum Guten wenden

- ✓ **Intelligenz:** Besonders hilfreich, damit Sie kreative Wege finden, um aus der Krise zu kommen

- ✓ **Extraversion:** Eine Eigenschaft, die es Ihnen leichter macht, auf seine Mitmenschen zuzugehen, damit in weiterer Folge soziale Bindungen geknüpft werden

Um jedoch in Erfahrung zu bringen, welche Gene es letztlich wirklich sind, die eine Rolle spielen, wenn es darum geht, wie sich die Resilienz entwickelt, sind Langzeitstudien erforderlich. Vor allem auch dann, wenn man wissen will, was eigentlich im Gehirn passiert, wenn sich das Leben doch nicht so entwickelt, wie man sich das erhofft hat.

Raffael Kalisch hat daher begonnen, mit seinen Kollegen am Mainzer Forschungsinstitut, junge Menschen zu untersuchen, die sich an einem Wendepunkt Ihres Lebens befunden haben. So wurden etwa Personen herangezogen, die die Schulzeit beendet haben und vor einer neuen Ausbildung standen oder auch ihre Berufslaufbahn gestartet haben. Es wird aber wohl noch ein paar Jahre dauern, bis die

Ergebnisse der Öffentlichkeit präsentiert werden können. Bis dahin kann die Frage, welche Gene die Resilienz beeinflussen, nicht zu 100 Prozent beantwortet werden.

So sehr seelisch robuste Menschen auch unterschiedlich sein mögen, so gibt es doch eine Gemeinsamkeit, die das nachfolgende Beispiel verdeutlichen soll: Natascha Kampusch, das wohl berühmteste Entführungsopfer Österreichs, hat eine jahrelange Gefangenschaft in einem Keller erlebt bzw. überlebt - das deshalb, weil sie eine enorm starke Psyche hat. Heute führt die Österreicherin ein Leben als Schmuckdesignerin und Buchautorin. Samuel Koch, der wohl prominenteste „Wetten, dass…?"-Gast, zog sich im Zuge seiner Wette eine Verletzung zu, die ihn in weiterer

Folge in den Elektrorollstuhl brachte - Koch ist querschnittsgelähmt. Doch der junge Mann, der bis zu seinem Unfall ausgesprochen sportlich war, ist nun Schauspieler sowie auch Ensemblemitglied des Nationaltheaters Mannheim.

Die Lebenswege dieser beiden Menschen können zwar nicht miteinander verglichen werden. Aber es gibt etwas, dass sie eint: Trotz schwerster Lebenskrisen war es möglich, die Handlungskraft zu bewahren. Hier sprechen Resilienz-Forscher von einer „Selbstwirksamkeitserwartung". Das heißt, der Mensch ist überzeugt, dass er das Leben meistert - ganz egal, wie schwierig es jetzt geworden ist. Verfügen Sie über eine entsprechende Selbstwirksamkeitserwartung, so werden Sie in einer Krise niemals nach

Schuldigen suchen, sondern immer einen Ausweg vor Augen haben - und davon überzeugt sein, dass dieser auch problemlos beschritten werden kann. Also auch, wenn Menschen wie Natascha Kampusch und Samuel Koch Krisen wohl genauso schmerzhaft wie andere Menschen erleben, so lassen sie sich vom Schmerz nicht unterkriegen.

Es gibt Menschen, da könnte man meinen, sie würden mit einem unsichtbaren Schutzschild ausgestattet sein. Ganz egal, wie hart der Schicksalsschlag auch sein mag - er wirft die Person nicht um. Stress, der mitunter schon einmal dazu führt, dass man an seine Grenzen gehen muss, perlt einfach so ab. Wo andere Menschen mit Angsterkrankungen, Depressionen, Sucht wie posttraumatischen

Belastungsstörungen zu kämpfen haben, weil sie das Leben so nicht mehr ertragen, bleibt der resiliente Mensch gesund.

Raffael Kalisch mag einer der bekanntesten Namen auf dem Gebiet der Resilienzforschung sein - und er weiß, dass sich die Forschung noch in der Anfangsphase befindet. Man weiß, um was es sich bei der Resilienz handelt, man arbeitet mit Tipps und Tricks, um durchzuhalten, doch in Wahrheit gibt es (noch) keine wirklichen Anhaltspunkte, die hier als Erfolgsrezept herhalten können.

Wird der Umstand berücksichtigt, dass in Europa rund 30 Prozent aller Menschen an psychischen Erkrankungen leiden, die eine stressbedingte Ursache haben, so ist es natürlich ratsam, dass die Resilienz stärker in den Vordergrund rückt. Denn letztlich wäre es besser, stressbedingte Erkrankungen vorzubeugen, als sie im Nachhinein therapieren zu müssen.

Fakt ist: Für Kalisch mag die Resilienz kein Schutzschild sein, sondern eine besondere Form der Aktivität. Resilient sind letztlich nicht die Personen, an denen alle Probleme abprallen, sondern jene, die sich damit befassen und auseinandersetzen und am Ende einen Ausweg finden. Es geht nicht darum, Ereignisse wie Erlebnisse zu verdrängen, sondern darum, sich keine Illusionen zu machen, dass es nicht so schlimm ist, wie es scheint. Es gibt schlimme Situationen - aber es ist wichtig, immer nach vorne zu blicken.

Und das funktioniert nur, wenn Sie die Situation annehmen und entsprechend handeln.

Aufgrund der Tatsache, dass die Resilienz kein in die Wiege gelegtes Schicksal ist, können Sie also selbst aktiv werden und nun der Frage nachgehen, wie Sie Resilienz erlernen können.
Das ist wohl auch der wahre Grund, warum Sie nun dieses Buch in Ihren Händen halten.

Die Säulen der Resilienz

Während einer Therapie versucht man mit Unterstützung der Resilienzfaktoren gemeinsam nach bestimmten Ursachen zu suchen und am Ende zu einer zielorientierten Lösung zu gelangen. Dabei ist vor allem wichtig, dass hier den Betroffenen kein Ziel vorgesetzt wird - der Betroffene muss selbst ein Ziel für sich finden. Der Therapeut mag zwar unterstützend mitwirken, die Entscheidung, wie das Ziel auszusehen hat, trifft aber der Betroffene selbst. Die hier zur Anwendung gelangenden Resilienzfaktoren bestehen aus sieben Teilen.

Damit beschreibt die Forschung die Resilienz als Selbstbewusstsein, spricht von einer inneren Stärke des Menschen sowie vom Selbstvertrauen. Von Seiten der Forschung geht man auf sieben unterschiedliche, jedoch sehr eng miteinander verbundene Faktoren ein. Dabei kann aber jeder der sieben Faktoren für sich auch selbst betrachtet werden, obwohl es sich am Ende um ein ganzheitliches Bild handelt.

Resilienz heißt also, dass die sieben Säulen in ein Gleichgewicht gebracht werden. Dabei ist der erste Faktor der Optimismus. Sie müssen sich klar werden, dass Krisen, und dabei spielt es im ersten Moment keine Rolle, wie schlimm sie erscheinen, im Regelfall eine zeitliche Begrenzung haben. Das heißt, alles geht einmal zu Ende. Neben dem Optimismus gehören auch die Akzeptanz der Situation, das Orientieren nach der Lösung, das

Ausbrechen aus der Opferrolle, das Übernehmen von Verantwortung sowie auch der Aufbau neuer Netzwerke, damit die Zukunft neu geplant wie gestaltet werden kann, dazu.

Optimismus

Resiliente Menschen sind optimistisch. Dieser Optimismus entsteht aus einem positiven Selbstkonzept sowie einer positiven Weltsicht. Gerät der resiliente Mensch etwa in eine schwierige Situation, die auf dem ersten Blick sogar als aussichtslos erscheint, so wird immer nach dem Guten Ausschau gehalten. Neue Situationen wie Gegebenheiten werden sodann als unerwartete Chance wahrgenommen. Enttäuschungen werden nicht als Bestrafung gesehen, sondern vielmehr als Erfahrung wahrgenommen. Ihre Grundhaltung und auch Ihr Verhalten gegenüber Menschen, die Teil Ihrer Umgebung sind, bestimmen letztlich Ihre persönliche Wahrnehmung.

Das positive Selbstbildnis beruht auf dem Selbstvertrauen, dass wir in der Lage sind, Kräfte wie Fähigkeiten zu mobilisieren. Unser persönliches Selbstwertgefühl ist nämlich (fast) unabhängig von den äußeren Einflüssen. Sind sie also davon überzeugt, dass Sie es schaffen können, so werden Sie bereit sein, den ersten Schritt in die entsprechende Richtung zu machen. Somit bekommen Sie Kraft, einen weiteren Schritt zu setzen. Am Ende werden Sie sich bewusst, wie ausgeprägt ihre individuelle Stärke letztlich wirklich ist - und das stärkt in weiterer Folge Ihr positives Selbstbild.

Akzeptanz

Akzeptanz zu üben bedeutet, dass all das integriert werden muss, was das Leben so mit sich bringt. Die Grundvoraussetzung ist etwa, dass wir unterscheiden zu lernen, was in den persönlichen Einflussbereich fällt und was wir nicht selbst beeinflussen können. Sie tragen am Ende die Verantwortung für Ihre persönlichen Gedanken, Taten und Gefühle.

Letztlich bedeutet Akzeptanz, dass Sie annehmen, was Sie also nicht beeinflussen oder gar verändern können. Sind Sie bereit, diese Phasen zu durchschreiten - dazu gehören unverhoffte Wendungen, unerwartete Ereignisse sowie nicht zu erfüllende Lebensentwürfe -, so müssen Sie

Ihre Gefühle auch zulassen. Es ist in Ordnung, wenn Sie Angst haben, traurig sind oder das Ereignis Schmerzen verursacht. Genau das Zulassen der Gefühle ist es, das Ihren persönlichen Erfahrungsschatz ausbaut und Sie letztlich inneren Frieden finden lässt. All das, was bereits hinter Ihnen liegt, hat sehr wohl einen Sinn. Beachten Sie an dieser Stelle bitte, dass oft die Zeit erst eine Antwort mit sich bringt - das heißt, der Sinn ergibt sich nicht immer sofort, sondern mitunter erst nach wenigen Tagen, Wochen oder gar erst nach ein paar Jahren. Bleiben Sie also geduldig.

Ergibt sich durch die Rückschau erst einmal ein Sinn, warum es so gekommen ist, können Sie sich sodann mit dem Erlebten versöhnlich zeigen. Nur nicht die Augen verschließen,

sondern akzeptieren, dass einige Ereignisse
erst mit der Zeit ihre guten Seiten zeigen
werden.

Lösungsorientierung

Der resiliente Mensch kann Probleme in Möglichkeiten wie Chancen verwandeln. Denn hier wird die Energie darauf gelenkt, dass letztlich die gewünschten Ergebnisse erzielt werden. Aktivieren Sie Ihre Ressourcen, schaffen Sie Verbesserungen und verfolgen Sie kreative Lösungen. Letztlich werden Sie wissen, dass jeder Mensch seine eigene Wirklichkeit konstruiert. Es bleibt dabei Ihre Entscheidung, ob Sie das Problem als Chance sehen oder nicht. Wichtig ist, dass Sie mit der Zeit verschiedene Optionen entwickeln, damit Sie angemessene Lösungen finden, die Ihnen weiterhelfen. Diese müssen Sie selbst, vielleicht zusammen mit Freunden oder der Familie für sich individuell finden.

Selbststeuerung

Ein resilienter Mensch hat die Fähigkeit, dass er sich im Hinblick auf diverse Befindlichkeiten wie Situationen angemessen steuern kann. Das bedeutet, je nach Bedarf beruhigt oder aktiviert er sich. Durch diese Form der Gefühlsregulierung ist es möglich, den Gemütszustand in ein Gleichgewicht zu bringen. Entsteht ein sehr großer Druck, so kann er ruhig wie gelassen bleiben. Das ist etwa dadurch möglich, wenn die beiden Gehirnhälften zusammenspielen - es geht um den schnellen Wechsel zwischen dem emotionalen Erfahrungsgedächtnis (rechte Gehirnhälfte) sowie dem bewussten Verstand (linke Gehirnhälfte). Mit dieser Wirkungsweise wird bewusst beeinflusst, welche Entscheidungen Sie treffen wollen. Es geht hier auch um die Selbstmotivation. Der resiliente Mensch hat am Ende eine Strategie für sich gefunden, mit der er wirksam gegen Stress vorgeht bzw. damit umgehen kann.

Verantwortung übernehmen

Der resiliente Mensch übernimmt Verantwortung für Gefühle, Gedanken und Handlungen. Das ist auch der Grund, warum Einflussbereiche gut abgeklärt werden können. Zu beachten ist, dass ein grundlegender Antrieb erforderlich ist, damit Sie die Kontrolle über Ihr persönliches Leben gewinnen. Jedoch ist es nicht zu vermeiden, sich einmal in einer Art Opferrolle wiederzufinden. Am Ende sind aber Sie dafür verantwortlich, wie lange Sie in dieser Opferrolle bleiben. Sie werden bemerken, dass Sie Kräfte entwickeln können, damit Sie aus der Opferrolle kommen können. Hören Sie auf, sich in Ihrer Opferrolle selbst gefangen zu nehmen, sondern brechen Sie aus - Sie schaffen das!

Beziehungen gestalten

Ein resilienter Mensch weiß, welche Bedeutung qualitätsvolle Beziehungen haben. Derartige Beziehungen aufzubauen und in weiterer Folge zu pflegen, getragen von Wertschätzung wie Empathie, erzeugen sogenannte Synergieeffekte, schaffen unterschiedliche Netzwerke und sorgen am Ende dafür, dass Zugehörigkeit vermittelt wird, die sodann gleich auch ein stabiler Faktor im Leben wird. Es geht nicht darum, alles so gut wie nur möglich allein und ohne Hilfe zu schaffen, sondern mit unterschiedlichen Stützsystemen zu arbeiten, damit Sie eine Balance finden, die zwischen „Nehmen" und „Geben" pendelt. Denn der Mensch ist sehr wohl bereit, sein Wissen und seine Fähigkeiten in die Gesellschaft

einzubringen - und genau aus diesem
Engagement wird Kraft geschöpft, um neue
Wege beschreiten zu können. Sie stärken sich
letztlich immer selbst.

Zukunft gestalten

Für die resilienten Menschen heißt Zukunft auch, unabhängig von ihrer erlebten Vergangenheit, neue Möglichkeiten wie Chancen zu sehen. Resiliente Menschen setzen von sich aus neue Initiativen und steuern somit die persönliche Entwicklung. Wichtig ist, dass Sie Vorannahmen wie Denkgewohnheiten überprüfen, denn Ihr Verhalten ist derart unbewusst, sodass viele Einschätzungen möglichst schnell Bestätigung finden müssen. Mit einer klaren Zielsetzung wie Evaluierung der unterschiedlichen Abschnitte können resiliente Menschen niemals entscheidende Absichten aus dem Blick verlieren. Es sind die schöpferischen Ideen aus dem Unterbewusstsein sowie auch der brennende

Wunsch, dass diese Ideen auch realisiert werden, sodass ungeahnte Kräfte zum Vorschein kommen, damit Rückschläge auch verkraftet werden können.

Emotionale Intelligenz ausbauen

Der Schlüssel zu einem gesunden Privat- wie Arbeitsleben mag die emotionale Intelligenz sein. Denn die emotionale Intelligenz erleichtert etwa den Umgang mit unseren Mitmenschen, sorgt für langhaltende Beziehungen und vermeidet in weiterer Folge Konfliktsituationen. Jedoch ist es wichtig, dass Sie sich selbst sehr gut kennen, damit auch das volle Potential ausgeschöpft werden kann.

Die emotionale Intelligenz - kurz EQ - ist nach wie vor für viele Menschen absolutes Neuland. Das ist sehr schade. Bedenkt man nämlich, dass es sich um eine sehr wichtige Form der Intelligenz handelt, mag es fast schon angsteinflößend sein, dass sich nur ein

Bruchteil der Menschen mit der emotionalen Intelligenz befasst. Befasst man sich etwa mit dem Wikipedia-Eintrag, so wird die emotionale Intelligenz als Sammelbegriff für die Persönlichkeitseigenschaft oder Fähigkeit gesehen, die den Umgang mit fremden wie eigenen Gefühlen definiert. Das mag so auch der Richtigkeit entsprechen und lässt sich auf Salovey und Mayer rückführen, die den Begriff im Jahr 1990 geprägt haben.

Einige Autoren sehen die emotionale Intelligenz als Element der „Erfolgsintelligenz". Folgt man hier etwa Professor Howard Gardner von der Harvard University, so schließt die Einbeziehung einer emotionalen Intelligenz die Lücke, die im Bereich der klassischen Intelligenzforschung unberücksichtigt geblieben ist. Denn hier geht es um die Verarbeitung intrapersoneller wie interpersoneller Informationen - dabei handelt es sich um den bewussten Umgang der Kommunikation mit sich selbst und mit anderen Menschen.

Zu beachten ist, dass die emotionale Intelligenz bereits einigen Menschen wichtiger als der IQ - das intellektuelle Leistungsvermögen - ist. Denn die emotionale Intelligenz hat einen nicht zu unterschätzenden Einfluss auf das eigene Leben sowie auch für die Karriere; viele Erfolge, so Experten, lassen sich darauf zurückführen, dass eine hohe emotionale Intelligenz besteht. Denn da wir Individuen sind, hängt unser Erfolg immer von unserer Fähigkeit ab, wie wir die Signale von anderen

Menschen lesen und wie wir in weiterer Folge darauf reagieren. Letztlich müssen Sie also diese Fähigkeit entwickeln, damit Sie andere Menschen besser verstehen können, um so mit ihnen zu fühlen und verhandeln zu können, nicht nur um Geschäftlichen, sondern auch im Privatleben ist dies eine nicht nur unterschätzende Fähigkeit.

„Die emotionale Intelligenz ist der Level der Fähigkeit, dass andere Menschen, ihre Beweggründe und die gemeinsame Zusammenarbeit verstanden werden kann"

~ Howard Gardner

Die fünf Kategorien der emotionalen Intelligenz

Die emotionale Intelligenz setzt sich aus fünf Hauptkategorien zusammen: Selbsterkenntnis, Selbstregulierung, Motivation, Einfühlungsvermögen und soziale Fähigkeiten. Ich möchte Ihnen im Folgenden jede der Kategorien erläutern und Ihnen jeweils dazugehörige, essenzielle Punkte mit auf den Weg geben, anhand denen Sie sich an die jeweiligen Themen herantasten können.

Selbsterkenntnis

Der Schlüssel zur emotionalen Intelligenz ist die Fähigkeit, dass wir Emotionen erkennen, wenn sie „passieren". Das heißt, um also eine Eigenwahrnehmung zu entwickeln, ist es wichtig, wahre Gefühle zu aktivieren. Nur dann, wenn die eigenen Emotionen auch richtig ab- bzw. eingeschätzt werden können, können Sie diese dann in weiterer Folge bewältigen. Zu den Hauptbestandteilen der Selbsterkenntnis gehören:

- ✓ **Emotionales Bewusstsein** - also die Fähigkeit, eigene Emotionen und ihre Wirkungen zu kennen
- ✓ **Selbstvertrauen** - also auch die Sicherheit über die eigenen Fähigkeiten zu erlangen

Selbstregulierung

Sie haben nur dann wenig Kontrolle über Ihr Verhalten, wenn Sie Emotionen erleben, mit denen Sie nicht umgehen können oder die Sie noch nie erleben mussten. Jedoch ist es wichtig, dass Sie selbst bestimmen, wie lange diese Emotionen anhalten. Mit bestimmten Techniken ist es sehr wohl möglich, dass Sie negative Emotionen - dazu gehören Neid, Zorn wie Depressionen - unter Kontrolle bekommen können. Bestimmte Techniken beinhalten etwa das neuerliche Betrachten der eingetretenen Situation - aber in einem anderen, in einem positiveren Licht. Das kann unter anderem mit langen Spaziergängen, Gebeten wie Meditation kombiniert werden. Zu den

Hauptbestandteilen der Selbstregulierung gehören:

- ✓ **Selbstkontrolle** - es geht darum, die störenden Impulse zu bewältigen
- ✓ **Vertrauenswürdigkeit** - behalten Sie ein Mindestmaß an Integrität wie Ehrlichkeit
- ✓ **Gewissenhaftigkeit** - übernehmen Sie für Ihre eigenen Leistungen auch die Verantwortung
- ✓ **Anpassungsfähigkeit** – Die Fähigkeit Veränderungen mit Flexibilität handzuhaben
- ✓ **Innovation** - niemals neue Ideen ablehnen

Motivation

Damit Sie sich selbst motivieren können, benötigen Sie Ziele sowie auch eine positive Grundeinstellung. Auch wenn Sie, wie viele andere Menschen auch, abhängig von der Situation eine positive oder negative Einstellung gegenüber bestimmten Entwicklungen haben oder sich besonders intensiv mit den Vor- wie Nachteilen eines Plans beschäftigen, ist es mit (etwas) Anstrengung und ein paar Übungen möglich, das positive Denken in den Vordergrund rücken zu lassen. Werden die negativen Gedanken nämlich schon bei ihrer Entstehung abgefangen, so gibt es plötzlich mehr Platz für positive Gedanken. Zu den Hauptbestandteilen der Motivation gehören:

- ✓ **Ansporn aus Erfolgen** - das ständige Streben nach Perfektion und Verbesserung garantiert sodann Erfolgserlebnisse, die in weiterer Folge wieder motivierend sind
- ✓ **Hingabe** - mit Leidenschaft an die Sache rangehen
- ✓ **Initiative** - eine bietende Chance beim Schöpf packen
- ✓ **Optimismus** - die Ziele werden verfolgt, ganz egal, wie viele Hürden und Rückschläge auf dem Weg auftauchen

Einfühlungsvermögen

D ie Fähigkeit, dass man erkennt, wie sich ein anderer Mensch fühlt, ist besonders wichtig, wenn Sie im Privatleben wie Beruf Erfolg haben möchten. Je besser Sie dabei sind, Gefühle zu erkennen, umso erfolgreicher können die gesendeten Signale verstanden werden. Das heißt, Sie können sich hier in Ihr Gegenüber hineinversetzen. Zu den Hauptbestandteilen des Einfühlungsvermögens gehören:

- ✓ **Orientierung** - Sie erkennen die Bedürfnisse von Menschen und können diese sodann erfüllen
- ✓ **Aufbauen** - wer fühlt, was ein anderer braucht, damit dieser vorankommt, kann hier positiv einwirken

- ✓ **Vielfältigkeit** - hier geht es darum, das Potential des Menschen auszuschöpfen

- ✓ **Emotionales Bewusstsein** - emotionale Störungen wie gesellschaftliche Ausrichtungen können interpretiert werden

- ✓ **Andere verstehen** - Sie erkennen die Gefühle, die Bedürfnisse und Wünsche anderer Menschen

Soziale Fähigkeiten

Es sind die Entwicklungen der zwischenmenschlichen Fähigkeiten, die letztlich gleichbedeutend mit dem Erfolg in unserem Beruf wie Leben sind. Von großer Bedeutung sind etwa soziale Kompetenzen. Hier müssen Sie jedoch eine hohe emotionale Intelligenz besitzen, damit Sie in der globalen Wirtschaft andere Menschen verstehen können sowie auch wissen, wie sie sich fühlen, um letztlich auch entsprechende Verhandlungserfolge verbuchen zu können. Zu den Hauptbestandteilen der sozialen Fähigkeiten gehören:

- ✓ **Einfluss** - Sie müssen wirksame Taktiken anwenden, um überzeugend zu sein

- ✓ **Kommunikation** - es geht darum, klare Botschaften zu senden
- ✓ **Führung** - Menschen wie Gruppen inspirieren und führen
- ✓ **Konfliktmanagement** - es geht um das Verstehen von Meinungsverschiedenheiten, die sodann diskutiert und letztlich gelöst werden
- ✓ **Verbindungen aufbauen** - die Pflege entscheidender Beziehungen
- ✓ **Zusammenarbeit** - mit anderen Menschen auf ein gemeinsames Ziel hinarbeiten
- ✓ **Teamfähigkeit** - Sie verfolgen mit einer Gruppe ein gemeinsames Ziel

Besitzen Sie einen hohen EQ?

Aus den fünf Hauptkategorien lassen sich 10 Eigenschaften ableiten, die am Ende ausschlaggebend sind, ob Sie eine hohe emotionale Intelligenz besitzt oder nicht.

Mit Hilfe der folgenden Auflistung an Eigenschaften, die ausschlaggebend für einen hohen EQ sind, können Sie sich selbst testen.

Wichtig: Seien Sie ehrlich zu sich selbst!
Nur wenn Sie ein ehrliches Ergebnis erzielen, können Sie die folgenden Tipps richtig umsetzen und Erfolge verbuchen. Es bringt Ihnen nichts, sich jetzt vorzugaukeln, Sie hätten einen hohen EQ, wenn dies nicht der Wahrheit entspricht.

Erste Eigenschaft: **Die Kontrolle**

Sie sind in der Lage zu erkennen, wie sich die eigenen Emotionen anfühlen, wie Sie diese richtig deuten und wie Sie danach handeln. Sie sind zudem in der Lage, persönliche Stärken wie Schwächen wahrzunehmen.

Zweite Eigenschaft: **Sie wissen, wie Ihre Emotionen verursacht werden**

Sie sind in der Lage, dass Sie trotzdem klare Gedanken fassen können, obwohl starke Emotionen aufkommen und sich in den Vordergrund rücken. Sie sind immer in der Lage, Handlungen solange zu verzögern, bis alle möglichen Konsequenzen durchdacht worden sind.

Dritte Eigenschaft: **Die Selbstregulierung**

Es geht um eine hohe Toleranz von Frustrationen sowie auch um die Fähigkeit, Ihre eigenen Emotionen so zu regulieren, damit diese in weiterer Folge auch erfolgreich wieder unter Kontrolle gebracht werden können. Sie passen Ihre Emotionen und das Verhalten an die Situation an.

Vierte Eigenschaft: **Das Mitgefühl**

Sie sind fähig, Emotionen in anderen Menschen wahrzunehmen und wissen, warum sich die Menschen in Ihrer Umgebung entsprechend fühlen. Sie schlüpfen in die Rolle des aktiven Zuhörers.

Fünfte Eigenschaft: **Entscheidungen treffen**

Sie sind dazu fähig, sich zu konzentrieren und bei Ihrer Aufgabe zu bleiben. Sie sind zudem gut darin, mit Stress umzugehen. Sie sind wenig impulsiv und achten darauf, immer die Kontrolle zu haben. Nutzen Sie Emotionen, damit Sie die für sich beste Entscheidung treffen können.

Sechste Eigenschaft: **Die eigenen Beziehungen analysieren und verstehen**

Sie sind in der Lage, Beziehungsprobleme aus der Welt zu schaffen. Sie bauen eine Verbindung mit anderen Menschen auf und sorgen so für eine wunderbare Beziehung. Sie haben ein entsprechendes Taktgefühl, nehmen Rücksicht und sind respektvoll. Sie sind ein ausgezeichneter Diskutant und bekannt dafür, selbst die schwierigsten Probleme zu lösen.

Siebte Eigenschaft: **Die Intuition**

Vertrauen Sie Ihrem Bauchgefühl, damit Sie in weiterer Folge Handlungen lenken sowie bestimmte Entscheidungen treffen können.

Achte Eigenschaft: **Die Menschlichkeit**

Sie sind beliebt, kontaktfreudig, humorvoll und freundlich.

Neunte Eigenschaft: **Das soziale Verhalten**

Sie sorgen sich um andere Menschen, sind rücksichtsvoll, mitfühlend und harmonisch in einer Gruppe. Sie sind hilfsbereit und arbeiten gerne mit anderen Menschen zusammen.

Zehnte Eigenschaft: **Ein in der Balance liegendes Leben**

Ihr Leben umfasst Arbeit, Entspannung, Beziehungen - und das in einem sehr ausgewogenen Verhältnis.

Probleme überwinden

Wenn wir in der Früh aufstehen, wissen wir nur in den seltensten Fällen, was uns erwarten wird. An einigen Tagen passiert wenig, an anderen Tagen werden wir von Ereignissen überrollt, die uns Freude bereiten. Und dann gibt es Tage, an denen wir mit Situationen konfrontiert werden, die nicht vorhersehbar waren - und uns zugleich den Boden unter den Füßen wegreißen.

Sie müssen lernen, mit Problemen umzugehen. Und dazu gehören unter anderem Depressionen, Stress oder auch ein Trennungsschmerz.

Depressionen

Kennen Sie Gedanken, wie: „Das werde ich nicht schaffen", „keiner versteht mich", „warum trifft es immer mich" oder „ich will nicht mehr"? Menschen, die unter Depressionen leiden, kämpfen tagtäglich mit diesen negativen Gedankengängen und wünschen sich nur, endlich aus diesem negativen Strudel rauskommen zu können. Für Außenstehende mag es schwierig sein, depressive Menschen zu verstehen - und für depressive Menschen ist es fast unmöglich zu akzeptieren, dass sie mitunter selbst dafür verantwortlich sind, aus der Opferrolle zu schlüpfen.

Es mag hart klingen, doch oft ist der Mensch selbst für sein Schicksal verantwortlich. Denn viele Anzeichen, die auf Depressionen hindeuten und mitunter die Situation verschlimmern, werden oft zu lange ignoriert - oder viel zu spät erkannt. Denn letztlich ist der Übergang bei fast allen psychischen Störungen zwischen „normal" und „ich werde krank" fließend. In vielen Fällen werden die körperlich auftretenden Symptome noch als eigenständige Krankheit gedeutet und sogar behandelt, wobei der Arzt gar nicht weiß, dass sich hinter der „Krankheit" eine andere Krankheit befindet. Fehldiagnosen begünstigen natürlich die Schwere des Krankheitsverlaufs.

Wie Sie wieder aus dem schwarzen Loch rauskommen? Wie Sie wieder Motivation finden? Wie ungeöffnete Kisten mit Träumen wieder geöffnet werden können? Es gibt viele

Möglichkeiten, Tipps, Tricks und Ideen, um Depressionen den Kampf anzusagen. Sie müssen der Krankheit die Stirn bieten und dafür sorgen, wieder Ihr altes Lebensgefühl zurückzubekommen. Sie müssen lernen, wieder glücklich sein zu können.

Die nachfolgenden vier Schritte können dabei helfen, endlich den Weg raus aus der Situation zu finden:

- ✓ **Lernen** Sie, mit den akuten depressiven Phasen besser umzugehen
- ✓ **Verstehen** Sie Ihre Depressionen
- ✓ **Überwinden** Sie Tiefs
- ✓ **Schützen** Sie sich vor Rückschlägen

Des Weiteren gibt es drei Empfehlungen, die mitunter hilfreich sein können, um aus dem schwarzen Loch zu kommen bzw. sich gar nicht erst reinziehen zu lassen.

Erste Empfehlung: **Bewusste Ernährung**

Ganz egal, ob Sie ein Allesesser sind, Vegetarier oder Veganer. Am Ende ist es möglich, sich mit jeder noch so gesund wirkenden Ernährungsweise falsch zu ernähren. Sie dürfen nicht glauben, dass es immer nur um die Mengen geht, die Sie zu sich nehmen - vielmehr sind die Nährstoffe entscheidend, die Tag für Tag aufgenommen werden. So sollten Sie etwa Weizenprodukte wie scharfe Speisen vermeiden. Denn diese Speisen haben einen negativen Einfluss auf das Wohlbefinden. Wichtig sind Speisen, die auch gut schmecken. Sie sollten nicht nur Nahrungsmittel zu sich nehmen, weil sie gesund sind. Essen muss gut schmecken - das ist jedoch nicht das Argument, wenn Sie zu viele Süßigkeiten oder Chips essen. Letztlich geht es um den Mittelweg und der ist, auch wenn Sie das zu Beginn nicht glauben, gar nicht so einfach zu finden.

Doch warum ist die Ernährung relevant, wenn es darum geht, Depressionen in den Griff zu bekommen? Wissenschaftler sind zu dem Ergebnis gekommen, dass der Darm in der Lage ist, die Nährstoffe der Speisen besser aufnehmen zu können, wenn man sich rein nur auf das Essen konzentriert und sich nicht mit dem Fernseher oder Gesprächen ablenkt.

Jetzt geht es noch um die Frage, welche Nährstoffe bewusst aufgenommen werden sollten. In erster Linie können Lebensmittel empfohlen werden, die dazu beitragen, dass der Körper die Serotonin-Produktion anheizt. Denn Serotonin ist ein Glückshormon - und gute Laune brauchen vor allem Menschen, die an Depressionen leiden. Klassische Lebensmittel sind hier unter anderem Geflügel, Mandeln, Bananen, Rindfleisch sowie Äpfel und grünes Blattgemüse. Leiden Sie an Depressionen, so hilft es, einen Blick auf den Ernährungsplan zu werfen und diesen sodann anzupassen.

Zweite Empfehlung: **Regelmäßig Sport treiben**

Wichtig ist, sich regelmäßig sportlich zu betätigen. Denn nur wer in regelmäßigen Abständen Sport treibt, der kann eine

Veränderung seines Wohlbefindens feststellen. Natürlich mag es Tage geben, an denen Sie absolut keine Lust haben - doch hier müssen Sie in den sauren Apfel beißen und sich selbst motivieren.

Tipp: Einfach bei einem Sportverein anmelden - gemeinsam mag es nämlich mehr Spaß machen, an seiner Fitness zu arbeiten. Wichtig ist, dass Sie eine regelmäßige Verpflichtung schaffen, um so nicht in Versuchung zu kommen, das sportliche Treiben bald wieder zu vernachlässigen.

Wichtig ist, dass Sie sich nicht überfordern. Wenn Sie bislang nur sehr wenig Sport gemacht haben, so sollten Sie zu Beginn nicht zu viel von den ersten Einheiten erwarten. Sie werden schon etwas Zeit brauchen, um sodann die Erfolge verzeichnen zu können, die Sie vielleicht schon zu Beginn geglaubt haben, problemlos erreichen zu können. Bleiben Sie dennoch am Ball!

Des Weiteren hilft Sport gegen Depressionen. So belegen einige Studien, dass ein Ausdauersport langfristig gegen Depressionen helfen kann. Besonders wirksam ist die Kombination aus Sport sowie Antidepressiva. Nur nicht aufgeben - auch wenn es zu Beginn vielleicht etwas anstrengender ist als gedacht.

Dritte Empfehlung: **Auf die Körpersprache achten**

Hängende Schultern, ein trampelnder Schritt, ein nach unten blickender Kopf sowie ein runder Rücken. Zeichen, die darauf hindeuten, dass etwas nicht in Ordnung ist. Sie sollten also auch auf Ihre persönliche Körpersprache Rücksicht nehmen und sich mitunter selbst hinterfragen, ob es Ihnen überhaupt gut geht. Denn oft bemerkt man erst viel später, dass man Probleme hat und mit seiner Situation unzufrieden ist.

Vierte Empfehlung: **Ehrlich zu sich und anderen Menschen sein**

Sie sollten sich nicht dafür schämen, dass es Ihnen nicht gut geht. Es ist absolut normal, wenn Sie, aus welchen Gründen auch immer, ein paar schlechte Phasen in Ihrem Leben haben. Wichtig ist nur, dass Sie diese schlechten Phasen annehmen und versuchen, so schnell wie möglich wieder aus dem schwarzen Loch zu kommen. Sie sollten ehrlich sein - zu sich selbst sowie zu anderen Personen. Sagen Sie, dass Sie unter Depressionen leiden - nicht nur Ihren Freunden und Ihrer Familie, sondern auch zu Ihnen selbst. Akzeptieren Sie Ihre jetzige Situation, aber blicken Sie stets nach vorne.

Fünfte Empfehlung: **Eigenverantwortung übernehmen**

Am Ende werden Ärzte zwar die Türen aufsperren, aber öffnen und durchschreiten - hier sind Sie an der Reihe. Denken Sie immer daran, dass Sie es selbst in der der Hand haben, die Depressionen zu bekämpfen.

Trennungsschmerz

Auch, wenn wir es zu Beginn nicht wahrhaben wollen - ein Großteil der Beziehungen sind nicht für die Ewigkeit bestimmt. Das heißt, Sie werden wohl schon einmal erlebt haben, wie sich so ein Trennungsschmerz anfühlt. Ein absolut unangenehmes, ja fast schon erdrückendes Gefühl.

Auch das werden Sie jetzt vermutlich nicht ganz glauben können: Der Trennungsschmerz hat einen Sinn - und letztlich sogar drei ganz gute Eigenschaften. Das mag zwar im ersten Moment kein großer Trost sein, wenn Sie sich gerade in der Trauerphase befinden, aber vielleicht haben Sie bereits den Trennungsschmerz überwunden und blicken auf diese Zeit zurück, so werden Sie nun die positiven Aspekte erkennen können.

Erste positive Eigenschaft: **Zurück bleibt nur die Vergangenheit**

Der Trennungsschmerz sorgt dafür, dass wir in der Lage sind, die nicht mehr funktionierende Beziehung hinter uns zu lassen - der Partner wird sozusagen losgelassen. Damit ist es möglich, dass wir uns auf einen neuen Bereich im Leben konzentrieren können. Denn Ihre Gefühle sind sozusagen das Navigationssystem, das Sie sodann durch Ihr Leben begleitet und den Weg vorgibt. Sie werden sich mit der Zeit von negativen Erlebnissen abwenden und wieder in Richtung positiver Ereignisse wandern. Würden nämlich Beziehungsenden oder Scheidungen keine Schmerzen verursachen, so würden Sie mit Ihrem Ex-Partner - selbst nach der Trennung - noch zu viele positive Emotionen verbinden, sodass Sie sich irgendwann die Frage stellen, ob es überhaupt richtig war, sich von ihm bzw. ihr zu trennen. Ohne Trennungsschmerz könnte der Gedanke, ob Sie den Ex-Partner wieder für sich gewinnen könnten, immer wieder in den Vordergrund rücken.

Zweite positive Eigenschaft: **Keine leichtfertige Entscheidung**

Es ist die Angst vor Liebeskummer, der Einsamkeit sowie vor dem Trennungsschmerz, weshalb die Frage, ob die Beziehung beendet werden soll, niemals einfach so mit einem „Ja" oder „Nein" beantwortet werden kann. Sie dürfen nicht vergessen, dass ein Beziehungsende eine enorme Veränderung im Leben mit sich bringt. Das heißt, der Trennungsschmerz bedeutet auch, dass Sie hier nicht leichtfertigt mit der Beziehung umgehen und diese, wenn es einmal nicht so läuft wie gewünscht, sofort beenden. Ein Beenden ist letztlich nur die letzte Möglichkeit, wenn nach diversen Rettungsversuchen klar wird, dass es wirklich keine gemeinsame Zukunft geben kann.

Dritte positive Eigenschaft: ***Das Leben genießen***

Für Liebeskummer und Trennungsschmerz gilt am Ende dasselbe wie für Krankheiten und körperliche Wunden - haben Sie sie erst einmal überwunden bzw. sind Sie wieder gesund, schätzen Sie das Leben danach viel mehr. Positive Ereignisse nehmen wir viel stärker wahr; wir wissen nämlich, dass diese nicht selbstverständlich sind.

Jedoch kann der Trennungsschmerz so groß sein, dass das Beziehungsaus sogar ein Trauma verursacht. Das heißt, hier entstehen Symptome, die mit den Symptomen von Gewaltopfern oder Kriegsveteranen verglichen werden können. Zudem besteht die Gefahr der klassischen Folgeerscheinung - und das ist die sogenannte Beziehungsangst.

Besonders der Verlassene hat es oft nicht so leicht, die Trennung sowie die sodann auftretenden Trennungsschmerzen zu verkraften bzw. zu verarbeiten. So besteht die Gefahr, in eine Depression zu verfallen, starke Selbstzweifel zu bekommen und die Angst zu haben, dass man sein gesamtes Leben lang alleine bleibt. Vor allem dann, wenn es „schon wieder" nicht geklappt hat.

Natürlich sind Trennungen nicht leicht - und mit Sicherheit auch keine Erfahrung, die mehrmals im Leben erlebt werden sollen. Aber es geht darum, nicht in Selbstmitleid zu versinken, sondern Sie müssen den Trennungsschmerz akzeptieren und sodann den Blick nach vorne richten.

Aber was kann helfen? Jeder „neue Single" durchläuft eigentlich dieselben Phasen der Trennung, die jedoch hilfreich sind, um Verlust, Schmerz und Trauer überwinden zu können. Wichtig ist, dass Sie Gefühle zulassen. Akzeptieren Sie, dass sich nun in

Ihrem Leben ein neues Kapitel öffnet.

Nachfolgende fünf Tipps helfen Ihnen, gut durch diese (nicht zu unterschätzende) Zeit zu kommen:

Erster Tipp: **Sport machen**

Sport ist die absolute Nummer 1. Geht es darum, seine depressive Stimmung zu bekämpfen, so mag körperliche Anstrengung besonders hilfreich sein. Ganz egal, ob Sie eine Runde Laufen, im Fitness-Studio Ihren Frust auslassen oder sich mit Yoga die Zeit vertreiben - Sie werden bemerken, dass Sport eine außerordentlich positive Wirkung auf Ihre Psyche haben wird.

Zweiter Tipp: **Auf die richtige Gesellschaft setzen**

Zu Beginn geht es um die Frage, was eine „richtige" Gesellschaft sein mag. Hier handelt es sich in der Regel um Personen, die einem Stärke geben - und das sind nicht unbedingt alle Menschen, die einem wichtig sind. Denn die liebste Freundin mag nicht hilfreich sein in dieser Situation, wenn sie nicht in der Lage ist, eine gute Zuhörerin zu sein und Kraft zu spenden. Sie sollten also darauf Acht geben, mit Menschen den Kontakt zu vertiefen, die sodann eine Hilfe sind und nicht noch eine „Belastung" darstellen, da sie selbst mit Problemen und negativen Gefühlen zu kämpfen haben.

Dritter Tipp: **Einfach einmal Dampf ablassen**

Unterscheiden Sie zuerst, ob es sich um eine „angemessene Wut" handelt oder Sie sich von diesem Zorn „besetzt" oder gar „besessen" fühlen? Sind Sie wütend, so fühlen Sie sich immer eine Spur stärker, als wenn Sie niedergeschlagen und traurig sind.

Handelt es sich um eine „angemessene Wut", so mag es hilfreich sein, einmal im Fitness-Studio gegen den Boxsack oder auch mit dem Teppichklopfer die Matratzen zu schlagen. Sie können sich die Wut auch aus dem Bauch schreien - beispielsweise im Wald. Das wird helfen - versprochen.

Vierter Tipp: **Den „Hass" auf den neuen Partner richten**

Irgendwann wird es einen neuen Partner geben - „der Neue" oder „die Neue". Beachten Sie, dass der neue Partner mit keinerlei Emotionen belastet ist. Das heißt, im Gegensatz zum Ex-Partner gibt es hier keine emotionalen Verbindungen. Denn dieser wurde einmal geliebt, Sie haben ihm das Vertrauen geschenkt - mitunter sind Sie noch immer etwas verliebt. Der oder die „Neue" kann mitunter aber der Grund sein, warum es letztlich nicht mehr funktioniert hat. Auch wenn Sie hier ein gutes Objekt haben, um Ihre gesamten negativen Gefühle abladen zu können, so dürfen Sie hier nie den Zorn wie den Hass außer Kontrolle geraten lassen.

Fünfter Tipp: **Niemals mit dem Ex konkurrieren**

Wer seine neue Flamme mit dem bzw. der Ex vergleicht, der zerstört schon zu Beginn eine gemeinsame Zukunft. Schließen Sie ab und lassen Sie die Vergangenheit ruhen.

Letztlich gibt es also sehr wohl ein paar Tipps und Tricks, die dabei helfen, wie Sie einen Trennungsschmerz halbwegs gut überwinden können.

Panikattacken

Der Puls steigt. Die Atmung wird schneller. Ein Mensch, der unter einer Panikattacke leidet, fühlt sich in einer lebensbedrohlichen Situation - und das, obwohl keine tatsächliche Gefahr besteht. Doch wie können derartige Anfälle überwunden werden? Mit SOS-Tipps!

Wer noch keine Panikattacke erlebt hat, für den ist es mit Sicherheit nicht nachvollziehbar, wie sich ein Mensch in diesem Moment fühlt. Doch warum treten Panikattacken überhaupt auf? Psychologen glauben, Panikattacken resultieren aus nie überwältigten Konfliktsituationen. Das heißt, wer etwa für seine Probleme keine Lösungen gefunden hat, der erhöht das Risiko, eine

Panikattacke zu erleiden. Ein gutes Beispiel? Herr A wollte den Job wechseln, hat es aber nie geschafft. Herr A bleibt also in seinem Büro - und das Jahr für Jahr. Die Frustration steigt - und irgendwann entlädt sie sich. Entweder mit Aggressionen oder in Form einer Panikattacke.

Klassische Stresssituationen können ebenfalls als Auslöser für Panikattacken gesehen werden. Vor allem psychischer Stress ist hier von Bedeutung. Die größte Problematik besteht nämlich darin, dass der psychische Stress oft gar nicht wahrgenommen wird.

Zu den möglichen Ursachen gehören also:

- ✓ Nichtbewältigte Konfliktsituationen
- ✓ Versagensängste

✓ Stress

✓ Die Trennung von seinem Partner

✓ Finanzielle Sorgen

✓ Ein Todesfall in der Familie bzw.
im Verwandten- oder Freundeskreis

Viele Menschen stecken die negativen Erlebnisse gerne in „Schubladen". Diese befinden sich - um sich hier bildlich etwas vorstellen zu können - in den tiefen Gehirnwindungen. Fest verschlossen, bleiben die Gedanken sodann unberührt. Doch es kann immer wieder vorkommen, dass eine Schublade doch nicht so gut verschlossen ist - und dann findet der negative Gedanke den Weg an die Oberfläche. Mitunter können auch Wechseljahre, der Drang nach Perfektionismus, bestimmte Medikamente oder auch ein mangelndes Selbstvertrauen

„Schlüssel" sein, um die „verborgenen Gedanken" wieder zu befreien.

Letztlich helfen einfache Übungen, um die Panikattacken - zumindest halbwegs - in den Griff zu bekommen:

- ✓ Konzentrieren Sie sich auf die Atmung - Sie müssen immer länger Aus- als Einatmen
- ✓ Ballen Sie Ihre Fäuste und lassen Sie wieder los - wiederholen Sie diese Übung mehrmals
- ✓ Um verkrampfte Muskeln zu lockern, können Sie auch auf- und abspringen
- ✓ Vielleicht hilft auch der Gedanke an einen lieben Menschen, um Ruhe zu bewahren

Hochsensibilität

Ein hochsensibler Mensch wird auf alltägliche Sinnesreize vollkommen anders als andere Menschen reagieren - er wird diese nämlich viel stärker wahrnehmen. Der hochsensible Mensch kann mit einem Schwamm verglichen werden. Denn auch der Schwamm saugt alles auf - und zwar intensiver wie detaillierter. Das ist auch der Grund, warum hochsensible Menschen schneller überreizt sind oder sich gar extrem gestresst fühlen. Denn ihre Reizschwelle ist bereits an jener Stelle überschritten, an der ein Großteil der Menschen noch Spaß hat bzw. keine Anzeichen verspürt, überhaupt Stress zu haben. Hochsensible Menschen fühlen sich daher immer wieder „irgendwie anders" oder „nicht richtig". Daher sollte man gegenüber Hochsensibilität auch Verständnis aufbringen. Aber Sie müssen auch akzeptieren, dass Sie die Hochsensibilität in Angriff nehmen müssen. Mit ein paar Strategien ist es durchaus möglich, sich mit der eigenen Hochsensibilität sogar anfreunden zu können.

Die US-Psychologin Elaine Aron, beschäftigt sich bereits seit mehr als zwei Jahrzehnten mit der Hochsensibilität. Dabei betont sie immer wieder, dass es keine Krankheit sei, sondern letztlich nur ein Merkmal der Persönlichkeit. Für Betroffene mag diese Erkenntnis (sowie auch die darauffolgende Anerkenntnis) wichtig wie befreiend sein. Denn so realisieren Hochsensible, dass sie nicht „anders" oder „komisch" sind - sie sind auch nicht „feige". Fakt ist, dass sie sich entsprechend ihrer Hochsensibilität ganz normal verhalten.

Jedoch ist an dieser Stelle zu erwähnen, dass Hochsensibilität nicht unbedingt bedeutet, dass die Hochsensiblen allesamt gleich ticken. So gibt es extro- wie introvertierte Hochsensible. Des Weiteren bringt jeder Mensch seine eigenen Charakterzüge mit. Was etwa Herrn A fürchterlich stört, spielt für Frau B keine Rolle. Daher ist es umso wichtiger, für sich selbst in Erfahrung zu bringen, was Sie persönlich aus der Ruhe bringt bzw. für die Überreizung sorgt. Mitunter hilft es auch einfach, nur einmal „Nein" zu sagen. Denn das fällt Hochsensiblen besonders schwer.

Die Hochsensibilität sollte natürlich thematisiert und nicht verschwiegen werden. Denn oftmals können alltägliche Erlebnisse, so etwa ein Kinobesuch, ein Besuch im Shopping-Center oder eine Party, dazu führen, dass der Hochsensible auf bestimmte Entwicklungen „ungewohnt" reagiert. Um nicht sofort als „Außenseiter" abgestempelt zu werden, ist es also ratsam, sich mit dieser Thematik zu befassen - und nicht die Hochsensibilität totzuschweigen.

Eine Rettungsinsel, die für Hochsensible durchaus zu erreichen ist, mag die Achtsamkeit sein. Denn die Achtsamkeit hilft dabei, bestimmte Situationen ganz bewusst wahrnehmen zu können, ohne hier aber alles bewerten zu müssen. Wichtig ist, dass Sie sich nicht in einer negativen

Gedankenschleife verlieren, in der sodann alle möglichen Horrorszenarien in den Mittelpunkt rücken.

Immer die Aufmerksamkeit dorthin richten, wo es auch etwas gibt. Denn sich damit zu beschäftigten, was eventuell gleich passieren könnte, da man das so erwartet, ist definitiv der falsche Weg.

Wichtig ist, dass Sie zwar weiterhin Ihre überschaubaren wie ruhigen Situationen schätzen, aber sich mit Herausforderungen wie Anreizen beschäftigen - so wie jeder andere Mensch auch. Auch dann, wenn es für Sie verlockend sein mag, alle möglichen Reizauslöser - so gut es geht - zu meiden, muss hier doch erwähnt werden, dass das nicht sinnvoll ist. Denn wer hier schwierigen

Situationen von Anfang an aus dem Weg gehen will, der engt sein Leben ein. Plötzlich stellen Sie fest, dass die Hürden auf einmal nicht mehr zu überwinden sind - es kommt zu einer enormen Beeinträchtigung des sozialen Lebens. Es ist also wichtig, dass der Hochsensible auch einmal eine erschöpfende Situation sucht und sich darauf einlässt.

Es mag eine Herausforderung sein, als Hochsensibler durch das Leben zu schreiten. Aber es ist wichtig, diese Herausforderung anzunehmen und zu akzeptieren. Wichtig ist, dass Sie sich und Ihre Grenzen kennenlernen und sodann versuchen, sich nicht von den äußeren Reizen wie Erlebnissen zu stark beeinflussen zu lassen.

Hochsensible sehen das Leben als eine Herausforderung - aber es lohnt sich, diese Herausforderung anzunehmen.

Stress

Körperlicher sowie seelischer Stress schaden unserer Gesundheit. Stehen Sie etwa ständig unter Strom, so treten in weiterer Folge Symptome wie Muskelzucken, Kopfschmerzen, Unruhe und Schwindel auf. Des Weiteren kann es auch zu Konzentrationsstörungen kommen. Selbst Herz-Kreislauf-Beschwerden sind nicht auszuschließen. Stress kann durchaus das Leben kosten. Damit Sie am Ende nicht vom Stress „umgebracht" werden, ist es wichtig, schon gleich zu Beginn gegenzulenken. Denn treten die ersten Symptome auf, so beginnt der Körper Warnungen auszustoßen, die Sie keinesfalls ignorieren sollten.

Der Stresskiller schlechthin? Sport. Wer sich körperlich betätigt, der baut Stress ab und steigert sein Wohlbefinden. Empfehlenswert sind vor allem Ausdauersportarten. Dazu gehören Schwimmen, Rudern wie Joggen. Bei Ausübung dieser Sportarten wird der Körper in einen meditativen Zustand versetzt. Mitunter kann aber auch ein Spaziergang genügen, um sodann Stress abzubauen. Wichtig ist nur, dass Sie den ersten Schritt setzen - der sogenannte „Schweinehund" muss überwunden werden. Ist das einmal geschafft, so wird der Sport zu einem fixen Bestandteil in Ihrem Leben werden.

Neben dem Sport geht es auch um die gesunde Ernährung. Kochen und Backen mag ein erfüllendes wie beruhigendes Hobby sein - wer sich aber stets mit Zucker vollstopft und fette Speisen isst, der wird am Ende ebenfalls seiner Gesundheit schaden. Es geht also auch hier darum, sich mit Lebensmitteln zu befassen, die eine positive Wirkung auf den Körper haben.

Eine gesunde Ernährung setzt sich aber nicht nur aus Blattgemüse und wenig Fleisch zusammen - vielmehr geht es darum, den Körper mit Kalium, B-Vitaminen wie Magnesium zu versorgen. Ich empfehle Ihnen daher unter anderem folgende Lebensmittel:

- ✓ **Bananen**
- ✓ **Brokkoli**
- ✓ **Eier**
- ✓ **Hülsenfrüchte**
- ✓ **Trockenobst**
- ✓ **Vollkornprodukte**

Sie können aber auch Stress mit ein paar Tanzeinlagen abbauen. Wenn Sie gerne das Tanzbein schwingen, dann nehmen Sie sich die Zeit, um die Musik zu hören, zu der Sie sodann ausgiebig tanzen können.

Vitamin C ist ebenfalls nicht zu unterschätzen. Um sich mit ausreichend Vitamin C zu versorgen, kann es hilfreich sein, auf entsprechende Nahrungsergänzungsmittel zurückzugreifen.

Statt Bier oder Wein sollten Sie hin und wieder auch Tee trinken. Ein warmer Tee wird immer mit Gemütlichkeit in Verbindung gebracht. Sie sitzen auf Ihrer Couch, sind vielleicht in einer Decke eingewickelt und genießen die Wärme, während es draußen regnet oder gar schneit. Tee hilft dabei, wieder zur Ruhe zu kommen. Wer also einen stressigen Tag hatte, der sollte sich am Abend nicht mit zwei Bier die Zeit vertreiben, sondern sich für eine große Tasse Früchtetee (oder eine andere Sorte) entscheiden.

Stellen Sie während dem Teetrinken fest, dass Sie schon längere Zeit nicht im Urlaub waren, so hilft gegen Fernweh das Fotoalbum. Einfach ein paar Bilder vom letzten Sommerurlaub ansehen. Und wer feststellt, das letzte Mal vor Jahren im Urlaub gewesen zu sein, sollte nicht zögern, sondern gleich nach entsprechenden Angeboten suchen. Denn wer sich mit Dingen befasst, die einem besonders gut gefallen und auch ablenken, der kann ebenfalls den Stress reduzieren. Sie sollten nie vergessen, auch einmal auf sich und Ihre Bedürfnisse Rücksicht zu nehmen.

Denn immer mehr Menschen nehmen sich zu wenig Zeit für sich selbst. Sie kennen das Problem? Schon wieder haben Sie sich um alle möglichen Dinge gekümmert, haben sogar noch Ihrer Freundin Tipps gegeben, wie Sie Ihre Ehe retten kann, aber am Abend bemerken Sie, dass Sie für sich selbst keine fünf Minuten gehabt haben. Das muss aufhören. Stress kann nur bekämpft werden, wenn Sie sich auch einmal ein paar Stunden Auszeit für sich selbst gönnen. Und während dieser Zeit wird nur erledigt, was Ihnen Spaß macht.

Sie können auch am Wochenende einmal alle Fenster verdunkeln, das Smartphone ausschalten und versuchen, so lange wie nur möglich im Bett liegenzubleiben. Denn das Ausschlafen ist unter der Woche kaum möglich - und am Wochenende kommen Sie ebenfalls nicht zur Ruhe, weil Sie verschiedene Dinge zu erledigen haben. Einmal ein Wochenende zu haben, an dem jedoch nichts geplant ist, mag richtig befreiend sein. Vor allem auch deshalb, weil dieses Wochenende mit dem Punkt „Ausschlafen" beginnen kann.

Apropos Smartphone: Je häufiger auf das Smartphone verzichtet wird, umso schneller kann sich der Körper erholen - Sie werden es kaum glauben, aber das Smartphone sorgt sehr wohl für Stress. Es ist die ständige Erreichbarkeit, die hier dazu führt, dass Sie innerhalb von Minuten auf „WhatsApp"-

Nachrichten schreiben „müssen" - weil Sie diese ja gelesen haben und der Sender der Nachricht weiß, dass der übermittelte Text angekommen ist und wahrgenommen wurde. Vor allem dann, wenn es die „zwei blauen Häkchen" anzeigt.

Aber es hilft alles nichts, wenn Sie das Lachen verlernt haben. Lachen mag eine wunderbare Maßnahme sein, um Stress abzubauen. Einfach einmal herzhaft und laut lachen - selbst dann, wenn augenscheinlich der Grund fehlt. Das macht nichts.

Resilienz für Kinder

Misserfolge sowie Rückschläge müssen erst einmal von einem Kind verkraftet werden. Und das ist nicht so einfach, da sich erst einmal eine dementsprechend psychische Widerstandskraft entwickeln muss. Hier sind vor allem die Eltern gefragt. Denn Mama und Papa haben es sehr wohl in der Hand, die Psyche ihres Kindes zu stärken.

Man kann das mitunter mit dem Schnupfen vergleichen. Während einige Kinder schon nach ein paar sanften Windböen eine verschnupfte Nase haben, gibt es Kinder, die ein extrem starkes Immunsystem haben und hier gar nicht reagieren. Hier spricht man von einer „bereits vorhandenen Abhärtung". Das heißt, ihr Immunsystem ist in der Lage, die Angriffe abzuwehren. So geht es auch der Seele, die zwar nicht von Bakterien wie Viren angegriffen wird, sondern von Misserfolgen, Unglücksfällen wie Notsituationen. Einige Kinder sind in der Lage, belastende Ereignisse „wegzustecken" - andere Kinder fühlen sich schnell einmal hilflos, wenn beispielsweise gestritten wird. Zwischen „hilflos" und „es haut einen nicht so leicht um" liegen aber keine Welten - es geht letztlich nur darum, die psychische Widerstandskraft seines Nachwuchses zu stärken.

Jürg Frick, Professor an der Pädagogischen Hochschule in Zürich, ist überzeugt, dass jedes Kind von Natur aus, resiliente Kräfte in sich hat. Doch er weiß auch, dass es unterschiedliche Ausprägungen gibt. Somit ist auf Merkmale Acht zu geben, die sodann die Entwicklung der Resilienz fördern - oder sogar hemmen. Einige Studien haben etwa gezeigt, dass es sehr wohl Kinder gibt, die über sogenannte „protektive Faktoren" verfügen, die letztlich einen positiven Einfluss auf die psychische Widerstandsfähigkeit haben. Diese Merkmale sollten Eltern wie Erzieher kennen, denn letztlich werden hier die Antworten geliefert, wie die Seele des Kindes gestärkt werden kann.

Zu Beginn geht es um eine stabile emotionale Bindung zu einem Elternteil. Das kann etwa die Mutter oder der Vater sein - im Idealfall besteht eine emotionale Bindung zu beiden Elternteilen. Jürg Frick ist überzeugt, dass es ein feinfühliger wie verlässlicher Erziehungsstil ist, der sodann das Kind unterstützt, für Freiräume sorgt, wobei aber auch in freundlicher Art und Weise klar gemacht wird, dass es Grenzen gibt. Denn eine Stabilität gibt es nur, wenn es auch eine entsprechende Struktur gibt. Das soziale Umfeld des Kindes spielt ebenfalls eine nicht außer Acht zu lassende Rolle: Gibt es eine sichere emotionale Beziehung zu Verwandten, Freunden, Nachbarn wie auch zu Erziehern, so gibt es „Zufluchtsorte", wenn im engsten Familienkreis eine belastende Situation entstanden ist. Natürlich ist eine positive Beziehung zu seinen Eltern sowie zum Umfeld günstig, da hier eine soziale Tiefenverwurzelung möglich ist. Das Kind weiß somit von Anfang an, dass es anderen Menschen nicht egal ist. Genau dieses Wissen bildet am Ende den sicheren Hafen, der Selbstbewusstsein und Mut schafft - und das wirkt sich positiv auf die Resilienz aus.

Weitere protektive Faktoren können unter „individuelle Eigenschaften des Kindes" zusammengefasst werden: Ein resilientes Kind ist vielseitig interessiert, kontaktfreudig, neugierig, hat viel Phantasie, ein ausgeglichenes Temperament, ein positives Weltbild und ist letztlich sogar in der Lage, die aggressiven Impulse derart unter Kontrolle zu halten, damit diese nicht von einer Sekunde auf die andere ausbrechen.

Einige Untersuchungen haben gezeigt, dass nichtresiliente Kinder in einer kritischen wie unangenehm wirkenden Situation ein ausweichendes Verhalten an den Tag legen oder sich sehr passiv verhalten - ein resilientes Kind versucht hingegen, mit entsprechenden Handlungen eine Lösung zu finden. Hier sprechen die Psychologen von einer Selbstwirksamkeits- sowie Kontrollüberzeugung. Das Kind fühlt sich letztlich nicht dem Schicksal ausgeliefert, sondern weiß, wie es Einfluss nehmen kann und was noch wichtiger ist: es weiß, wie man eingreift, um Veränderungen herbeizuführen.

Was kann letztlich für die Erziehungspraxis gewonnen werden? Eltern sollten ihren Kindern nicht alles abnehmen. Das ist ausgesprochen ungünstig, da das Kind so lernt, dass es nichts machen muss - Papa und Mama werden es schon machen. Das Kind sollte stattdessen so früh wie möglich erfahren, dass es ein wichtiges Familienmitglied ist, das auch einen Beitrag für das Zusammenleben leistet - und nicht „einfach nur da ist". Es ist also sehr wohl wünschenswert, seinem Kind auch ein paar Aufgaben zu geben - und selbst wenn es nur die Unterstützung ist, wenn es darum geht, den Tisch am Wochenende für das Frühstück zu decken.

Und dann geht es darum, dass Sie die Erfolge auch honorieren. Das heißt, bedanken sich bei dem Kind und sprechen Sie dafür Lob aus, wie toll es - beispielsweise - den Tisch für das Frühstück gedeckt hat. Das Kind erfährt so, dass die Arbeit, die es leistet, auch anerkannt wird.

Wichtig ist, dass Lob und Kritik spezifisch sind. Denn es ist wichtig, immer auf das Verhalten des Kindes einzugehen und hier nicht verallgemeinernd eine Situation zu beschreiben. Das heißt, Sie sollten sich sehr wohl mit den Taten des Kindes befassen und letztlich Kritik üben oder Lob aussprechen.

Sie werden vielleicht am Anfang vor einer Herausforderung stehen, doch denken Sie daran, dass eine Veränderung Ihres Erziehungsstils mitunter auch die einen oder anderen Probleme, die Sie bis jetzt mit Ihrem Nachwuchs hatten, aus der Welt schaffen könnten.

10 Übungen zur Resilienzförderung

Einige Menschen werden von Misserfolgen wie Krisen aus den Schienen geworfen – andere Menschen hingegen sind bei steigendem Druck noch immer stabil und bleiben ruhig. Wer ruhig bleibt, der findet letztlich auch schneller eine Lösung für das Problem. Und Ruhe ist am Ende auch wesentlich besser für die Seele und den Körper. Aber warum ist der eine Mensch ruhig und gelassen, während ein anderer Mensch sofort die Nerven wegwirft?

Welcher Mensch sind Sie? Gehören Sie zur Gattung der „ruhigen Personen", die kein Sturm umhaut, oder wissen Sie, dass es am

Ende nur ein paar Kleinigkeiten sind, die Sie völlig aus der Bahn werfen?

Fördern Sie ihre Resilienz. Mit den nachfolgenden 10 Übungen ist es möglich, die psychische Widerstandsfähigkeit zu stärken.

Erste Übung: **Was Sie etwa machen können, wenn etwas nicht will**

Immer die Gedanken kreisen lassen - seien Sie kreativ und lernen Sie ihre verrückte Seite nicht nur kennen, sondern leben sie diese auch aus. Das kann Sie während Krisen beschützen, um ruhig zu bleiben, neue Lösungswege zu finden und sodann rückblickend sagen zu können, dass Sie das wirklich gut gemacht haben. Versuchen Sie zunächst Lösungen in kleinen Alltagssituationen zu finden - das stärkt das Selbstvertrauen. Und genau das ist auch das Ziel. Denn ein starkes Selbstvertrauen hilft dabei, (fast) alle Krisen zu überstehen.

Beispiel: Der Drucker funktioniert schon wieder nicht - natürlich genau dann, wenn Sie einen dringenden E-Mail-Anhang auf Papier bringen möchten. Wie reagieren Sie jetzt? Sie können den Drucker neustarten, Sie können den Computer neustarten, Sie können auch im Internet nach möglichen Lösungen suchen. Am Ende besteht sogar die Möglichkeit, einen Copyshop in der Nähe aufzusuchen - einfach die E-Mail weiterleiten und sodann im Laden ausdrucken lassen. Es gibt also einige Möglichkeiten, um das Problem zu behandeln bzw. letztlich sogar zu lösen. Was nicht funktioniert? Sich ständig zu sagen, dass der Drucker nicht funktioniert und immer mit der Maus auf „Drucken" klicken - ein ständiges Wiederholen einer nichtfunktionierenden Strategie sorgt nicht dafür, dass es nach 100 Fehlschlägen klappt. Es geht darum, dass Sie neue Wege einschlagen. Und hier müssen Sie hin und wieder auch kreativ sein.

Zweite Übung: **Im Stau die Ruhe bewahren**

Auch wenn es sich manchmal nicht verhindern lässt, so weiß man, dass Aufregen nicht hilft - letztlich klettert nur der innere Stressspiegel in die Höhe. Doch der Cortisol-Ausstoß führt nicht nur zu mehr Stress, sondern auch noch zu Unsicherheit. Schlechter Stress führt beispielsweise dazu, dass Ihr Selbstvertrauen sinkt. Achten Sie also darauf, auch wenn es in manchen Situationen schwierig sein mag, die Ruhe zu bewahren. Versuchen Sie fünf Sekunden einzuatmen und dann fünf Sekunden auszuatmen. Das senkt etwa den Cortisolspiegel.

Wie Sie das trainieren können? Wenn Sie tagtäglich mit dem Auto in die Arbeit fahren und wissen, dass Sie in den Stau kommen, wenn Sie fünf Minuten später als sonst das Büro verlassen, sollten Sie das nächste Mal schon im Vorfeld darauf achten, Ruhe zu bewahren und nicht in Stress zu geraten, wenn Sie spüren, ein pünktliches Verlassen des Arbeitsplatzes ist nicht mehr möglich. Versuchen Sie die Situation, auch wenn es herausfordernd sein mag, so gut wie möglich zu akzeptieren. Denn wenn Sie sich ärgern, schaden Sie sich nur selbst - der Stau bleibt bestehen.

Dritte Übung: **Wie Sie zu einem pünktlichen Menschen werden**

Jetzt geht es erst einmal darum, dass Sie sich selbst vor Augen führen, was Sie bereits heute, in dieser Woche oder in diesem Monat geschafft haben. Klopfen Sie sich ruhig einmal auch selbst auf die Schulter und loben Sie sich. Sie sind viel stärker als Sie denken - und Sie werden ganz bestimmt noch erfolgreicher werden, wenn Sie den einen oder anderen Tipp berücksichtigen bzw. sich mit der einen oder anderen Übungen auseinandersetzen.

Wenn Sie unpünktlich sind, mag diese Übung besonders interessant sein: Sie haben wohl bislang immer wieder Ausreden gefunden, warum Sie es nicht rechtzeitig geschafft haben - aber es geht nicht darum, Ausreden zu finden, sondern darum, pünktlich zu sein. Hier sind Sie gefragt. Versuchen Sie, die Prioritäten so zu ordnen, damit Sie stets alle in der Woche eingetragenen Termine auch pünktlich beginnen und Ihre Mitmenschen nicht länger warten lassen.

Vierte Übung: **Führen Sie ein Erfolgsjournal**

Seien Sie zunächst dankbar für all jene Dinge, die Sie bereits haben - und seien Sie sich an dieser Stelle bewusst, dass Sie schon viel geschafft haben. Haben Sie schon einmal von einem Erfolgsjournal gehört? Hier notieren Sie alle Erfolge Ihres Lebens - und tragen regelmäßig ein, worauf Sie stolz sein können. Sie werden mit der Zeit bemerken, dass das Erfolgsjournal immer voller und voller wird.

Haben Sie einmal einen schlechten Tag, an dem von Anfang an nichts wie gewünscht klappt, dann kann es durchaus helfen, einen Blick in Ihr Erfolgsjournal zu werfen. Ärgern Sie sich nicht, sondern denken Sie zurück und sagen Sie zu sich selbst, dass Sie stets Erfolge feiern.

Fünfte Übung: **Energievampire erkennen und loswerden**

Unterstützen Sie andere Menschen bei ihrem Wachstum. Wenn Sie nämlich Hilfe geben, dann werden Sie in weiterer Folge Dankbarkeit wie Anerkennung von anderen Menschen bekommen, da genau Sie es waren, die hier etwas bewirken konnten, das für eine positive Veränderung im Leben gesorgt hat. Am Ende mag es oft nur das Zuhören sein, wenn sich das Gegenüber Probleme von seiner Seele reden möchte. Helfen muss nicht immer schwer sein - oftmals ist es sogar recht einfach.

Doch schützen Sie sich vor sogenannten Energievampiren. Denn es gibt Menschen, die Ihre Hilfe brauchen und die

Unterstützung schätzen und es gibt Menschen, die undankbar sind und diese Hilfe nur ausnutzen. Wichtig ist, dass alle negativen Menschen aus dem engsten Freundeskreis katapultiert werden. Ihre Energie ist wertvoll - das heißt, achten Sie darauf, dass Sie diese nicht wahllos verteilen, sondern nur an jene Personen, die auch dafür dankbar sind.

Werden Sie von einem Freund gefragt, ob Sie mit Rat und Tat zur Seite stehen können, weil er sich die Wohnung neu einrichten möchte und dabei im Möbelhaus Unterstützung wünscht, so werden Sie vermutlich zusagen und sodann Ihre Empfehlungen abgeben. Hat Ihre Freundin oder Ihr Freund Beziehungsprobleme, so mag es hilfreich sein, ihm ein Ohr zu leihen - denn manchmal hilft es schon, wenn Sie nur als ein Zuhörer zur Seite stehen. Und sei es nur über das Telefon.

Wichtig ist, dass Sie darauf achten, nicht von den negativen Ereignissen wie Gedanken „begraben" zu werden. Zudem sollten Sie wissen, dass Sie sich ebenfalls auf die Person verlassen können, wenn einmal Sie Hilfe benötigen. Wenn Sie also ein offenes Ohr benötigen, ist es wichtig, dass Ihnen von derselben Person zugehört wird. Denn immer nur hilfreich zur Seite zu stehen, selbst aber nie Hilfe bekommen, lässt keine Freundschaft entstehen. Das heißt, achten Sie darauf, ob es sich um einen Energievampir handelt und wenn ja, dann sorgen Sie dafür, dass dieser aus Ihrem Freundeskreis verdrängt wird.

Sechste Übung: **Sich auf die Zukunft konzentrieren**

Akzeptieren Sie die Vergangenheit - sie lässt sich nämlich nicht mehr verändern. Ganz egal, was Sie auch machen werden - was geschehen ist, ist geschehen. Das heißt, am Ende geht es nur noch darum, sich auf die Zukunft zu konzentrieren. In diesem Fall ist darauf zu achten, das Glück auf seine Seite zu ziehen, um sodann in weiterer Folge neue Abschnitte zu erleben, auf die positiv zurückgeblickt werden kann. Es bringt nichts, wenn Sie sich stets darüber ärgern oder kränken, was Sie in der Vergangenheit nicht geschafft haben.

Stellen Sie fest, dass Sie von vergangenen Ereignissen, die alles andere als positiv waren, überrannt werden, so gehen Sie an die frische Luft, atmen Sie durch und denken Sie über zukünftige Projekte nach und wie diese besser verlaufen sollen. Akzeptieren Sie vergangene Tage und konzentrieren Sie sich auf neue Herausforderungen.

Siebte Übung: **Abstand zu Facebook und Co. gewinnen**

Achten Sie immer darauf, authentisch zu bleiben. Vor allem heute ist das gar nicht so einfach - in sozialen Netzwerken geht es in erster Linie immer um Erfolge, die präsentiert werden. Wer keine Erfolge verbuchen kann, fragt sich mitunter, woran das liegen kann. Sind Sie etwa selbst dafür verantwortlich, dass es wieder nicht funktioniert hat? Wichtig ist, dass Sie die Erfolge Ihrer virtuellen

Freunde nicht als Vergleich für das eigene Leben sehen - denn keiner weiß, ob es diese Erfolge tatsächlich gibt. Und wer glaubt, dass der virtuelle Freund nie Probleme hat, muss daran denken, dass es letztlich immer darum geht, was von einem selbst veröffentlicht wird. Wer sich nur auf seine Erfolge konzentriert und die negativen Erlebnisse ausklammert, mag zwar im ersten Moment ein glücklicher wie zufriedener Mensch sein, blicken Sie aber hinter die Kulissen, so kann sich ein ganz anderes Bild zeigen. Lassen Sie sich von virtuellen Freunden also nie unter Druck setzen.

Versuchen Sie Abstand zu gewinnen - von Facebook, Instagram und ähnlichen sozialen Netzwerken, die in der Regel immer nur Ihre „virtuellen Freunde" zeigen, wie sie Erfolge feiern. Soziale Netzwerke mögen zwar ihren Reiz haben, sind aber nicht das reale Leben - auch ihr erfolgreichster virtueller Freund wird einmal Niederlagen einstecken müssen. Dass er sie nicht öffentlich macht, heißt nicht, dass es sie nicht gibt.

Achte Übung: **Etappenziele schaffen**

Sie sollten niemals Ihre Träume begraben, nur weil Sie noch keinen Plan haben, wie Sie diese erreichen können. Aber achten Sie darauf, realistisch zu bleiben - das heißt, versuchen Sie, Ihre Träume auf Etappen zu erreichen. Übernehmen Sie sich nicht - denn ein jedes Übernehmen versetzt Sie in Stress. Und wenn Sie sich übernehmen, dann kann es passieren, dass Sie schnell überfordert sind. Sie manövrieren sich also in eine Lage, in der der Stress letztlich siegen wird. Genau das muss verhindert werden.

Mit Etappenzielen können Sie sich stets selbst motivieren. Denn am Ende des Tages oder am Ende der Woche, ganz egal, zu welchem Zeitpunkt das Etappenziel erreicht wird, ist man somit seinem großen Ziel etwas nähergekommen. Es geht also zu Beginn darum, dass Sie festlegen, welche Hürden überspringen werden müssen, um an Ihr Ziel zu kommen - und jede übersprungene Hürde wird als Sieg gefeiert.

Neunte Übung: **Sich selbst mit erreichten Zielen motivieren**

Wissen Sie, welche Ziele verfolgt werden? Ist Ihnen bewusst, wie Sie diese erreichen? Dann stärken Sie bereits Ihre Resilienz. Und denken Sie daran: Nicht aufgeben - einfach weitermachen, auch wenn das bedeutet, hart daran zu arbeiten, damit Sie nicht wieder in den altbekannten Abwärtsstrudel rutschen.

Die größte Motivation? Auf sein Schaffen zu blicken. Wer Verantwortung übernimmt, wer die Vergangenheit akzeptiert, wer tagtäglich auf seine Erfolge zurückblickt, der kann sich so motivieren, dass es bald neue Ziele braucht, weil die alten Ziele alle schon erreicht worden sind.

Zehnte Übung: **Gründe finden, um immer größer und stärker zu werden**

Sie brauchen Gründe und auch Möglichkeiten, damit Sie weiterhin wachsen und an Stärke zulegen können. Wer nichts mehr macht, keinen Antrieb mehr verspürt, der wird mit der Zeit immer schwächer werden. Das beste Beispiel ist hier die Natur: Wird die Pflanze gegossen und durch Sonnenstrahlen gewärmt, so wächst sie - wenn sie jedoch kein Wasser bekommt und nur in der Dunkelheit steht, wird sie immer schwächer, bis sie letztlich stirbt.

Neben der Selbstmotivation geht es auch darum, dass Sie neue Aufgaben in Ihrem Leben finden. Mitunter hilft ein Jobwechsel. Aber auch ein neues Hobby kann befreiend sein. Probieren Sie es einfach aus.

Nachwort

Am Ende angekommen, haben Sie nun ein Werkzeug in Ihren Händen, das Ihnen dabei helfen soll, ihre psychische Widerstandsfähigkeit zu verbessern. Sie wissen nun, welche Wege zu gehen sind.

Denken Sie immer daran, dass jede Krise eine Herausforderung ist. Beachten Sie, dass jede belastende Situation auch bedeutet, neue Kraft zu schöpfen und vergessen Sie nie, dass mit der Zeit viele Ereignisse Sinn ergeben. Blicken Sie heute auf die eine oder andere Situation in Ihrem Leben zurück, die erst Tage, Wochen oder Jahre später in ein völliges anderes Licht gerückt ist.

Sie wissen, dass es Lösungen braucht - zu sagen, es funktioniert nicht, ist keine Option mehr. Jetzt heißt es, Ihr neues Leben zu starten und an den Hörnern zu packen. Sie werden es schaffen - ganz sicher!

Marianne Springwasser

Übrigens freue ich mich sehr, wenn
Sie dem Buch eine Rezension
hinterlassen. 😊

Über die Autorin

Marianne Springwasser wurde 1955 in Bonn geboren. Nach ihrem Abitur konnte sie von der Schule wohl nicht genug kriegen und studierte Deutsch, Naturwissenschaften und Latein auf Lehramt und schaffte es binnen vier Jahren zur stellv. Schulleiterin und sechs Jahre später zur ersten Schulleiterin an einem Münchener Gymnasium.

Die jetzige Schulleiterin i.R. entdeckte schon früh ihre Leidenschaft für das Reisen wie Schreiben.

Ihr Spezialgebiet umfasst die Persönlichkeitsentwicklung wie Bewegung und Gesundheit, dessen Wissensinhalte sie sich durch ständige Weiterbildung und auch aufgrund von diversen prägenden Auslandsäufenthalten in Asien, Afrika und Amerika, annahm.

Andere Werke

MEDITATION
Entspannung und Fokus

Wie Sie Ihre innere Ruhe finden, Lebensenergie schöpfen und disziplinierter werden. Meditationsübungen für Gelassenheit und Selbstheilung

RESILIENZ ERLERNEN

Wie Sie Ihre emotionale Intelligenz, Gelassenheit und Achtsamkeit steigern. Überwinden Sie Hochsensibilität, Depressionen und Stress

Für Fragen und Anregungen:
LGACommerce@web.de
Auflage 2020